MARIAGE

DE

HENRI DE FRANCE.

RELATION POPULAIRE.

(Supplément au *Bon Messager* pour 1847.)

PRIX : DEUX SOUS.

100 EXEMPLAIRES : 8 FR.

PARIS.

DENTU, LIBRAIRE, PALAIS-ROYAL,
GALERIE VITRÉE, 13,
ET AU DÉPOT DU CABINET DE CORRESPONDANCE,
RUE DU HASARD-RICHELIEU, 4.

Novembre 1846.

1847

OUVRAGES DE M. THÉODORE MURET.

En Vente :

LE BON MESSAGER POUR 1847.

Prix : 25 centimes. — 25 exemplaires : 5 francs.

PRINCIPAUX ARTICLES. — Calendrier pour 1847. — Principales foires de France.—Princes et Souverains. — Tableau général de la maison de Bourbon. — Vie de Jean Chouan. — Conseils pour le soin des malades. —L'Étang de Sainte-Mitre.—La guerre d'Algérie. — Évasion du roi d'Espagne. —Le chemin de fer. — Souvenir à l'exil. — Les Incendies. — Où est le meilleur marché? — La vraie flétrissure. — Éloge de la légitimité par M. Guizot. — Aller à Paris. — La Charité légale de 1830. — Autre temps, autre devises. — Histoire du gros ZÉRO. — Progrès à rebours. — HENRI DE FRANCE et la jeunesse à la mode. — Événemens remarquables de l'année. — Le *Bonheur d'un flétri*, chanson, etc.

Il reste encore, au même prix, quelques exemplaires du *Bon Messager pour 1846*, contenant le procès et l'emprisonnement du *Bon Messager*.

MARIAGE

DE

HENRI DE FRANCE.

I.

La Providence avait trompé le couteau de Louvel, un rameau nouveau de la tige de Bourbon avait grandi sur une tombe ; mais la politique doctrinaire. pour annuler le bienfait divin du 29 septembre, voulait qu'un célibat éternel complétât l'œuvre de l'assassin : ignoble trame qui vient. à son tour, d'être déçue.

Le mariage de S. A. R. Mademoiselle, célébré le 10 novembre 1845. avait enfin mêlé un jour de fête aux malheurs de l'auguste famille exilée. Plus d'un cœur y vit un favorable augure. pour un autre mariage auquel s'attachait la grande question politique. Ce présage est réalisé. Ne semble-t-il pas qu'il ait été donné à Louise de France d'être, en quelque façon, l'ange précurseur ? Sa naissance précéda d'un an celle de son frère, d'une année aussi son mariage a précédé celui de ce frère si cher à son cœur dévoué.

Quelques lignes d'un numéro de la *Gazette d'Augsbourg*, arrivé à Paris le 3 ou le 4 novembre, furent la première publicité donnée au mariage de M. le comte de Chambord. La nouvelle était, toutefois, prématurée; car elle annonçait ce mariage comme devant être célébré *le 30 octobre*, c'est à dire comme un fait accompli déjà, au moment où la feuille allemande parvenait en

France. Quoiqu'elle n'eût encore aucun caractère officiel, cette nouvelle ne laissa pas que d'émouvoir vivement l'attention, et un journal dynastique, la *Patrie*,
qui la répéta un des premiers, ne put s'empêcher de
proclamer que cet événement serait *le fait le plus grave
de la politique contemporaine*.

Cette appréciation était juste.

Plusieurs jours se passèrent dans l'incertitude. C'é-
tait une bien vive anxiété parmi les personnes restées
fidèles à l'exil. Malgré leurs ardens désirs, elles n'o-
saient se livrer encore à une joie déjà si souvent déçue ; elles craignaient que cette joie n'eût un trop pé-
nible réveil. Enfin, le mercredi 11, tous les doutes furent dissipés.

La lettre suivante, publiée simultanément en tête des
divers journaux royalistes, fut la noble *lettre de faire
part*, où le prince lui-même annonça son mariage à la
France :

Frohsdorff, le 28 octobre 1846.

« Monsieur le marquis de Pastoret, je désire qu'à
l'occasion de mon mariage, les pauvres aient part à la
joie que m'inspire cette nouvelle preuve de la protection du ciel sur ma famille et sur moi, et il me paraît
que ceux de Paris ont un droit particulier à mon intérêt, car je n'oublie pas que c'est dans cette ville que je
suis né et que j'ai passé les premières années de ma
vie. Je m'empresse, en conséquence, de vous annon-
cer que je mets à votre disposition une somme de
vingt mille francs que je vous charge de distribuer.

» Dans la répartition de ce secours, vous n'aurez
égard à aucune autre considération qu'à celle des besoins et de la position plus ou moins malheureuse de
chacun, vous concertant, à cet effet, avec quelques-uns
de mes fidèles amis, qui seront heureux de vous prêter
le concours de leur zèle pour vous aider à remplir mes

intentions. Je n'ai qu'un seul regret, c'est de ne pouvoir pas donner davantage. Quand je pense surtout à la misère qui règne en ce moment, et dont l'hiver qui s'approche ne peut qu'augmenter encore les rigueurs, je voudrais avoir des trésors à répandre pour soulager tant de souffrances. Je suis sûr que mes amis sentiront comme moi la nécessité de s'imposer de nouveaux sacrifices, et de rendre leurs aumônes plus abondantes que jamais. Ils ne peuvent rien faire qui me soit plus agréable ; c'est, d'ailleurs, le grand moyen d'éloigner de notre commune et chère patrie les maux qui la menacent, et d'attirer sur elle toutes les bénédictions qui peuvent assurer son bonheur.

» Je vous renouvelle, Monsieur le marquis de Pastoret, l'assurance de toute mon estime et de mon affection. » HENRI. »

Est-il besoin de redire l'élan de bonheur qui transporta tous les cœurs fidèles? Leur allégresse s'accroissait de toute la longueur de l'attente, de toute l'amertume des déceptions jusqu'alors éprouvées. Et quel langage admirable ! quel touchant accent de l'âme! Les conseillers du duc de Montpensier n'ont pas su lui suggérer, à l'occasion de son opulent mariage, la plus légère charité : au sortir de ces fêtes de Bayonne et de Bordeaux, où l'on a dissipé de quoi nourrir pendant un mois plusieurs milliers de malheureux, les courtisans n'ont pas seulement songé que la prospérité, les joies de ce monde ne se sanctifient que par l'aumône: et HENRI, lui proscrit tout enfant, lui qui pourrait se croire quitte envers cette patrie interdite à ses pas, HENRI, autant qu'il lui est possible, convie les pauvres de France à ses noces : il ne veut pas de ce jour heureux qui luit enfin sur son exil, si, à cette occasion, quelques misères ne sont soulagées !

Ce don de vingt mille francs destiné aux seuls pauvres de Paris n'était qu'un prélude aux autres bienfaits du digne petit-fils d'Henri IV. Quarante mille francs sont consacrés par lui à la fondation d'ateliers de charité. Voici la nouvelle lettre où se traduit cette belle et haute pensée :

Frohsdorff, 30 octobre 1846.

« Monsieur le marquis de Pastoret, vous savez que c'est surtout par des secours distribués aux classes indigentes, que je désire marquer l'heureuse époque de mon mariage et remercier la divine Providence d'avoir écarté les obstacles qui s'y étaient opposés jusqu'ici. Quoique forcé de vivre sur la terre étrangère, je ne puis jamais être indifférent ou insensible aux maux de la patrie. En pensant à la cherté des subsistances et aux justes craintes qu'elle inspire pour la saison rigoureuse où nous allons entrer, j'ai cherché comment je pourrais contribuer au soulagement de la misère publique. Il m'a paru que le meilleur emploi à faire des sommes dont je puis disposer, c'est de les consacrer à établir à Chambord, et dans les forêts qui nous appartiennent encore, des ateliers de charité qui, offrant aux habitans pauvres de ces contrées un travail assuré pendant l'hiver prochain, leur fournissent les moyens de pourvoir à leurs besoins et à ceux de leur famille. Je vous charge donc de prendre les mesures nécessaires pour l'exécution d'un projet que j'aimerais à voir s'étendre à la France entière. Pour moi, je me féliciterai, du moins, d'avoir pu adoucir le sort de Français malheureux qui, par leur position particulière, ont encore plus de titres à mon intérêt.

» Je vous renouvelle, Monsieur le marquis de Pastoret, l'assurance de toute mon estime et de mon affection. HENRI. »

La politique doctrinaire avait employé, depuis plusieurs années, toutes ses manœuvres, toutes ses intrigues, à traverser les projets de mariage connus pour HENRI DE FRANCE ; et le prince exilé a formé une alliance digne des jours les plus prospères de sa maison. MARIE-THÉRÈSE, archiduchesse d'Autriche, est issue de cette illustre famille d'Este, qui touche à presque tous les trônes de l'Europe. Depuis 1830, son père, François IV, duc de Modène, fut le seul prince d'Europe qui refusa constamment de reconnaître, même comme simple affaire de forme, le nouvel ordre de choses établi en France. Son fils et successeur n'a pas dérogé à ses principes. François IV est mort l'année dernière, laissant quatre enfans :

1° Marie-Thérèse-Béatrix-Gaëtane, née le 14 juillet 1817, aujourd'hui l'épouse de HENRI DE FRANCE ;

2° François-Ferdinand-Géminien, duc régnant, né le 1er juin 1819, marié, le 30 mars 1842, à la princesse Aldégonde-Auguste-Charlotte, fille du roi Louis de Bavière, née le 19 mars 1823 ;

3° Ferdinand-Charles-Victor, né le 20 juillet 1821, major-général au service d'Autriche ;

4° Marie-Béatrix-Anne-Françoise, née le 13 février 1824, fiancée à l'infant don Juan, frère cadet du comte de Montemolin (Charles VI, roi légitime d'Espagne).

La princesse Marie-Thérèse a deux oncles paternels, l'archiduc Ferdinand-Charles-Joseph d'Este, né le 25 avril 1781, feld-maréchal, très distingué dans les armées autrichiennes par ses talens militaires et son brillant courage, et l'archiduc Maximilien-Joseph, né le 14 juillet 1782.

M. le comte de Chambord, par son union avec la princesse de Modène, resserre encore ses liens de parenté avec les maisons régnantes d'Autriche, de Sardaigne, de Bavière, de Toscane et de Parme. Ce mariage réunit les plus illustres, les plus glorieuses, les plus anciennes familles du monde, celles de Bourbon, d'Este et de Hapsbourg qui commença en 1273, par Rodolphe Ier, à régner en Autriche.

LA GRANDE MARIE-THÉRÈSE.

Cette princesse, bisaïeule de madame la COMTESSE DE CHAMBORD, a bien mérité, dans l'histoire, le surnom de *grande :* elle fut grande en effet par le cœur bien plus encore que par son illustre naissance. Son père, l'empereur Charles VI, était mort le 20 octobre 1740, sans postérité masculine. Héritière du trône, elle était mariée à son cousin François, duc de Lorraine, qui n'eut d'abord que le titre de co-régent de son impériale épouse. La plus formidable ligue se forma contre Marie-Thérèse. Dans cette guerre, dite *guerre de la succession,* Marie-Thérèse fut réduite à la dernière extrémité. Elle se vit chassée de sa capitale : sa perte semblait infaillible. Dans cette situation même elle puisa un surcroît de courage. La Hongrie devint l'asile de la monarchie autrichienne. Marie-Thérèse vint se mettre sous la protection du patriotisme hongrois. Elle convoque à Presbourg les États du pays. Elle se présente dans cette assemblée, tenant entre ses bras son fils aîné, presque au berceau. Le latin se parle en Hongrie comme idiome usuel. Ce fut en cette langue que s'exprima l'impératrice. — « Abandonnée de mes amis, » dit-elle, « persécutée par mes ennemis, attaquée par » mes plus proches parens, je n'ai de ressource que » dans votre fidélité, dans votre courage et dans ma » constance; je mets en vos mains la fille et le fils de » vos rois, qui attendent de vous leur salut. » A ce spectacle, à ces paroles, tous les palatins, émus et transportés, tirèrent leur sabre et s'écrièrent avec un chevaleresque enthousiasme : *Moriamur pro* REGE NOSTRO *Maria-Theresa!* (Mourons pour NOTRE ROI Marie-Thérèse !)

Ce ne furent pas là de vaines paroles, et la monarchie fut sauvée.

L'époux de Marie-Thérèse fut proclamé empereur le 13 septembre 1745, sous le nom de François Ier. Il fut le père de Joseph II, de Léopold II, de Marie-Antoinette et de l'archiduc Ferdinand-Charles-Joseph, qui épousa la fille du duc Hercule III de Modène. De ce mariage naquit le duc François IV, père de la comtesse de Chambord. C'est ainsi que cette princesse est arrière-petite-fille de l'impératrice Marie-Thérèse et petite-nièce de Marie-Antoinette.

L'empereur régnant d'Autriche étant fils de l'empereur François II et petit-fils de Léopold II, madame la comtesse de Chambord se trouve être sa cousine. Par sa mère. elle est nièce de l'impératrice ; et elle est également la cousine de l'auguste prince à qui elle vient de s'unir.

Madame la comtesse de Chambord est grande, d'une taille élégante, d'une physionomie très agréable et très spirituelle. Elle possède à la fois la majesté qui impose et la grâce qui attire. Son caractère élevé, noble et résolu, la mettrait au niveau de toutes les circonstances que le ciel peut lui réserver. En épousant le chef exilé de la maison de Bourbon, la descendante de l'héroïque Marie-Thérèse, dont elle porte les noms, s'est souvenue du sang qui coule dans ses veines. On n'ignore pas les sentimens d'affection profonde qu'elle avait, depuis long-temps déjà, voués à Henri de France, et qui lui faisaient préférer l'adversité de l'auguste proscrit aux prospérités, aux grandeurs de tout autre prince. Il lui semblait qu'elle était prédestinée à la plus belle, à la plus sainte mission, et ce pressentiment vient de s'accomplir. Dans la position de Henri de France, telle était bien la compagne qu'il fallait lui souhaiter, et sous ce rapport aussi, la Providence a tout conduit d'une admirable manière. La princesse Marie-Thérèse. formée aux leçons de l'Evangile, était, à Modène. la providence de tous les malheureux. Sa place était bien marquée d'avance dans cette famille de Bourbon, si généreusement aumônière. Entre Henri et Marie-Thérèse, il y aura l'émulation du bien et de la charité.

. On a remarqué que Marie-Thérèse est née la veille de la Saint-Henri.

À part les exagérations auxquelles on s'est livré sur la fortune de madame la comtesse de Chambord, il est certain que cette princesse, par les successions qu'elle doit recueillir, sera, un jour, l'une des plus riches de l'Europe. Ces trésors seront bien placés en de telles mains.

III.

Tout s'est passé, dans le cérémonial de ce mariage, comme si 1830 n'avait changé aucune position. Henri de France s'est marié d'abord *par procureur*, suivant l'usage adopté pour les personnes de son rang, et c'est son auguste épousée qui s'est rendue auprès de lui, pour qu'il renouvelât en personne la cérémonie.

Le 3 novembre, M. le duc de Lévis, fondé de pouvoirs de M. le comte de Chambord, est arrivé à Modène. Le 5, à onze heures du matin, il fut introduit solennellement dans la salle d'audience du palais ducal, où le duc de Modène était debout avec madame l'archiduchesse sa femme, duchesse régnante, l'un et l'autre entourés de toute leur maison. M. le duc de Lévis s'exprima en ces termes :

« Monseigneur,

» M. le comte de Chambord m'a ordonné de venir demander en son nom, à Votre Altesse Royale, la main de madame l'archiduchesse Marie-Thérèse. Je me félicite d'être chargé de cette honorable mission, qui a pour but de resserrer encore les liens de parenté et d'amitié qui unissent depuis long-temps deux illustres maisons. Les hautes vertus, les éminentes qualités de l'auguste sœur de Votre Altesse Royale, ne peuvent manquer d'assurer le bonheur de M. le comte de Chambord. Monseigneur, en donnant noblement au fils de nos rois, forcé de vivre sur la terre étrangère, une compagne digne de la France et de lui, vous acquerrez de nouveaux droits aux sentimens de reconnaissance qu'il a voués à une famille dont il a déjà reçu tant de de marques de sympathie et d'affection. »

M le duc de Modène a répondu :

« Je suis très flatté de la demande que vous venez de me faire au nom de monseigneur le comte de Chambord, de la main de ma sœur bien-aimée l'archiduchesse Marie-Thérèse, et c'est avec une pleine confiance que je donne mon consentement à une union qui doit resserrer de plus en plus des liens de parenté si honorables pour ma famille et pour moi. Persuadé que ce mariage doit assurer le bonheur d'une sœur chérie, je serai bien empressé de hâter l'accomplissement des désirs de M. le comte de Chambord. Je suis charmé, monsieur le duc, qu'il vous ait pris pour son interprète auprès de moi ; aucun choix ne pouvait m'être plus agréable, et j'aime à vous donner l'assurance de toute l'estime et de la confiance que m'inspirent votre noble conduite et votre dévoûment. »

S. A. R. madame l'archiduchesse Marie-Thérèse étant alors entrée dans la salle d'audience, le duc de Lévis lui a adressé les paroles suivantes :

« Madame,

» M. le comte de Chambord m'a chargé d'exprimer à votre Altesse Royale combien il désire que vous consentiez à unir votre sort au sien. Si, comme il l'espère, ses vœux sont accomplis, il vous devra son bonheur personnel, et vous l'aiderez à remplir les devoirs que la Providence lui a imposés.

» Madame, devenue Française, vos vertus, vos bienfaits feront bénir votre nom dans la France entière, et toutes vos prières comme vos vœux seront pour le bonheur de votre nouvelle patrie. »

Madame l'archiduchesse a répondu :

« Je consens avec joie à unir mon sort à celui de M. le comte de Chambord, car je suis sûre que cette union fera mon bonheur. Fermement résolue à dévouer ma vie tout entière au comte de Chambord, j'aimerai la France comme lui, et toutes mes prières, tous mes vœux, seront pour notre commune patrie. »

Le samedi, à onze heures du matin, eut lieu le mariage par procuration. M. le duc de Lévis, avec sa suite, vint se placer dans la chapelle royale du côté de l'Épître ; peu d'instans après, le duc et la duchesse de Modène, conduisant l'auguste fiancée, arrivèrent avec une suite nombreuse, et prirent place du côté de l'Évangile.

Monseigneur l'évêque de Modène et son clergé étant à l'autel, M. le duc de Lévis et madame l'archiduchesse Marie-Thérèse furent conduits à leur prie-Dieu.

Après la bénédiction nuptiale, la suite italienne de la princesse se retira, cédant le service aux personnes désignées par M. le comte de Chambord.

La princesse alors passa du côté de l'Épître, auprès de M. le duc de Lévis, pour entendre la messe suivie du *Te Deum*.

L'acte de mariage fut signé. Les témoins étaient, pour madame la comtesse de Chambord, le comte Jean de Salis-Soglio et le général Sterpin : pour M. le comte de Chambord, le vicomte Raymond de Nicolaï.

La cérémonie religieuse terminée, les princes entrèrent dans leurs appartemens, où madame la comtesse de Chambord, le duc et la duchesse de Modène et toute leur famille reçurent les hommages et les félicitations de toutes les personnes qui avaient assisté au mariage.

Le jour même, madame la duchesse de Parme (l'impératrice Marie-Louise), vint apporter ses félicitations et dîna en famille avec la princesse sa cousine.

Le 8, madame la comtesse de Chambord reçut les félicitations et les adieux de toute la cour et de toutes les autorités de Modène. Le 9, elle partit pour aller rejoindre M. le comte de Chambord ; elle était accompagnée de madame la duchesse de Lévis et de madame la comtesse Emma de Chabannes, désignées par le prince à cet effet.

S. A. R. traversa Modène en voiture découverte, afin d'être vue encore une fois par la population qui se pressait sur son passage, exprimant à la fois ses regrets de son départ et la joie de la voir former une si glorieuse alliance. Ce concert de vœux et de bénédictions était, pour MARIE-THÉRÈSE, aussi doux que mérité. M. le duc de Modène accompagnait également sa sœur, et ne se sépara d'elle qu'aux approches de Mantoue.

Arrivée à Mantoue le même soir, Madame la comtesse de Chambord arriva le 11 à Trévise, et le 15 à Gratz d'où elle partit pour Frohsdorff.

M. le comte de Chambord, averti de l'arrivée de la princesse, ne voulut pas attendre, et était parti la veille, samedi 14, pour venir au devant d'elle. Mme la comtesse de Marnes (Madame la Dauphine) et MADAME, duchesse de Berry, quittèrent également Frohsdorff pour venir embrasser plus tôt celle qui allait être associée à des destinées si chères.

L'archiduc Maximilien et l'archiduc Ferdinand d'Autriche d'Este, oncles de Mme la comtesse de Chambord, et l'archiduc Ferdinand d'Autriche d'Este, frère de S. A. R. le duc de Modène, venaient également au devant d'elle.

Ce fut à Bruck que l'auguste famille, arrivant de Frohsdorff, rejoignit Mme la comtesse de Chambord, qui venait de Gratz.

Bruck est une ville assez considérable, située à une bonne journée de distance de Frohsdorff et de Gratz. Cette distance empêchant que l'on ne pût arriver à Frohsdorff à une heure convenable pour la messe de mariage, le prince voulut qu'elle fût célébrée à Bruck, ainsi que la bénédiction nuptiale et la célébration du mariage en personne.

La cérémonie eut donc lieu le lundi, 16 novembre, dans une chapelle dépendant d'un couvent de la ville, qui fut convenablement décorée pour la circonstance. Les augustes époux furent bénis par un prêtre français, fidèle compagnon de l'exil des Bourbons, M. l'abbé Trébuquet, le digne ami de l'évêque d'Hermopolis. Ses paroles respirèrent la plus haute et la plus touchante éloquence royaliste et chrétienne. En sortant de l'église, il y eut un grand déjeuner où furent invités tous les Français qui se trouvaient là et les personnes de la suite des trois archiducs.

Les autorités de la ville vinrent ensuite porter leurs félicitations respectueuses aux deux augustes époux, et les remercier des aumônes abondantes qu'ils avaient fait répandre à cette occasion. La joie était universelle à Bruck, et le soir la ville fut illuminée.

Après la réception, M. le comte et Mme la comtesse de Chambord, Mme la comtesse de Marnes, MADAME, duchesse de Berry, les archiducs Maximilien et Ferdinand, et l'archiduc Ferdinand de Modène, accompagnés de leurs maisons, partirent par un train spécial du chemin de fer pour Frohsdorff, où l'on arriva à neuf heures du soir.

Des feux de joie avaient été allumés de toutes parts, et des arcs de triomphe dressés sur la route.

Le 17, il y eut à Frohsdorff un grand dîner auquel ont été invités tous les Français qui se trouvaient dans ce moment à Frohsdorff et à Vienne.

Au sortir de la chapelle où elle avait été rendre grâce à Dieu de son union, Mme la comtesse de Chambord, avec la permission de son auguste époux, a envoyé à M. le marquis de Pastoret la somme de dix mille francs pour les inondés de la Loire.

Ainsi, c'est par un bienfait envers des Français malheureux, que cette noble princesse a voulu inaugurer sa nouvelle qualité de Française.

IV.

Les expansions de joie les plus touchantes ont répondu, en France, au bonheur du fils de France proscrit.

Le lundi 16 novembre, le jour où une modeste et lointaine chapelle voyait célébrer le mariage du descendant de saint Louis, les églises de Paris suffisaient à peine pour toutes les demandes de messes réclamées à cette occasion.

La sensation excitée par le mariage de Henri, a pris véritablement le caractère d'un événement populaire. Les dames de la Halle de Paris s'étaient vivement émues à cette nouvelle. Ces dignes femmes, toujours prêtes pour les bonnes œuvres, ont senti avec toute la chaleur de leur âme, les belles paroles et la charitable munificence du prince qui veut encore soulager des misères dans ce Paris où il est né. Elles n'ont pas oublié qu'elles vinrent, le jour de sa naissance, le saluer dans son berceau.

Deux d'entre elles, au nom de leurs compagnes, ont apporté une lettre pour le comte de Chambord, dans laquelle ce souvenir est rappelé avec l'accent du cœur. Un magnifique bouquet accompagnait cette lettre, et il est parti, comme elle, pour sa destination. L'on peut être sûr que cet hommage sera précieusement conservé.

Après les prières qui ont monté si ferventes vers le ciel, sont venues de cordiales réunions, des banquets où toutes les pensées, toutes les paroles ont été, comme celles de l'auguste prince, pour le bien de la patrie. La vieille gaîté nationale s'est retrouvée dans de francs couplets. Dans l'un de ces banquets, les dames de la Halle se sont assises, en grand nombre, avec de braves charbonniers, qui n'avaient pas oublié leur visite de Saint-Cloud, à la Saint-Henri de 1830. Nous mentionnerons aussi un banquet, dans un des principaux établissemens du Palais-Royal, où se trouvaient soixante-dix personnes, propriétaires, journalistes, anciens militaires, et le joyeux dîner des ouvriers imprimeurs. La police s'est donné le plaisir d'intervenir, à la barrière de La Chapelle et à celle de Vaugirard, dans deux autres dîners d'ouvriers, où tout se passait, pourtant, avec l'ordre le plus parfait. Elle a obligé les convives à quitter la place, sous prétexte qu'ils étaient trop nombreux Bien pitoyable satisfaction, pour la colère ministérielle !

A Chambord, les réjouissances ont eu et devaient avoir un caractère tout particulier. On sait que tous les revenus de ce domaine, offert à HENRI par la France, et dont il a voulu porter le nom dans son exil, sont dépensés sur les lieux, et se changent en bienfaits pour le voisinage. Le dimanche 15, M. l'abbé Chesné, curé de la paroisse, a, dans une allocution simple, mais pleine d'onction et de noblesse, invité ses paroissiens à venir le endemain joindre leurs prières aux siennes, pour la prospérité du mariage de l'illustre bienfaiteur de ce pays. Un tel appel ne pouvait manquer d'être entendu, et le lundi 16, les gardes en uniforme, les fermiers, et tous les paroissiens en habits de fête, ont rempli la modeste église. L'autel était paré de tous ses ornemens ; des touffes de lis se pressaient sous la croix tutélaire. Toutes les voix ont répondu avec enthousiasme aux chants sacrés. Quelle solennité dans une splendide basilique aurait plus dit au cœur que cette humble messe de village ! A cette occasion, M. le curé a reçu de Frohsdorff un calice magnifique, dont les ciselures représentent les stations de la Passion et les douze Apôtres, pieux souvenir du grand événement. Les dons charitables ne se sont pas bornés aux vastes limites du parc ; les communes voisines ont reçu d'abondantes distributions de pain, viande, bois, vêtemens, secours en tout genre pour les pauvres et les malades. Les dignes représentans du prince ont littéralement suivi sa volonté, en consultant les seuls besoins de chacun, sans aucune distinction d'opinion.

Les ateliers de charité créés par le comte de Chambord s'organisent rapidement et offriront de grandes ressources à la classe malheureuse pendant les rigueurs de l'hiver.

DISCOURS

PRONONCÉ PAR M. L'ABBÉ TRÉBUQUET,

Le 16 novembre 1846,

A LA BÉNÉDICTION DU MARIAGE

de

M. LE COMTE ET Mme LA COMTESSE DE CHAMBORD.

Monseigneur et Madame,

Un an s'est à peine écoulé depuis que nous avons vu la fille de nos rois contracter, en présence de l'assemblée la plus auguste, une alliance digne de son rang, et s'éloigner de nous pour se transporter au sein de sa nouvelle famille, où elle fait les dé ices des siens, l'admiration des étrangers et l'orgueil de la France ; heureuse sœur, heureuse fille, heureuse épouse, et bientôt heureuse mère. Aujourd'hui, un spectacle plus imposant encore dans sa majestueuse et grave simplicité, s'offre à nos regards. Deux jeunes époux, tous deux en deuil, l'un... de la patrie, l'autre... à Dieu ne plaise que je rouvre ici une blessure douloureuse et récente ! s'unissent pour se soutenir et se consoler réciproquement dans les épreuves de la vie. Quoique leur consentement mutuel, échangé au loin par l'entremise d'un serviteur dévoué, les lie déjà devant Dieu et devant les hommes, il leur tardait de renouveler au pied des autels le don qu'ils se sont fait de leurs cœurs, et de se jurer une seconde fois solennellement une

fidélité inviolable. Tant de vœux et de prières devaient
donc à la fin être exaucés ! Le fils aîné de saint Louis,
le chef d'une maison royale dont la gloire a rempli
toute la terre, l'unique rejeton d'une race féconde en
grands rois, en martyrs, en héros, voit à ses côtés la
compagne qu'appelaient ses désirs, et que le ciel lui
envoie. Bénie soit celle qui vient au nom du Seigneur !

Prince, avant d'accomplir cet acte important, dont
l'influence doit s'étendre à toute votre destinée, vous
en avez mûrement pesé tous les motifs. Vous vous êtes
demandé ce que le devoir vous prescrivait, ce que la
France attendait de vous, ce que saint Louis, votre
bienheureux aïeul, eût fait à votre place ; vous vous
êtes consulté vous-même, surtout vous avez consulté
Dieu, et vous êtes d'autant plus autorisé à croire que
c'est lui qui a dicté votre décision et votre choix, que
vous trouvez réunies à un degré plus éminent, en celle
qui joint son sort au vôtre, toutes les qualités qui peuvent assurer votre bonheur.

Issue des antiques maisons d'Autriche, d'Este et de
Savoie, arrière-petite-fille de Marie-Thérèse, fille d'un
souverain dont l'attachement inébranlable au principe
sacré sur lequel se fondent la stabilité des trônes et le
repos des nations, revit dans ses fils, imitateurs fidèles
des exemples d'un si noble père ; nièce de deux princes,
la loyauté et la vertu même, et de deux angéliques prin-
cesses, l'édification du monde, et dont l'une porte une
des plus belles couronnes de l'univers ; enfin, élevée
par une pieuse et tendre mère, objet maintenant, avec
le meilleur des pères, de ses profonds et éternels regrets, elle fut de bonne heure le modèle d'une cour
qui, elle-même, était un modèle. Une sagesse prématurée, une bonté ineffable, un caractère sûr, facile,
toujours égal, une modestie sincère, jointe à l'habi-
tude de s'oublier pour ne penser qu'aux autres, lui
avaient si bien concilié l'affection et la confiance de
tout ce qui l'environnait, qu'elle était devenue le con-
seil de ses frères, la seconde mère de sa sœur, et, pour
ainsi dire, l'oracle de toute sa famille. La miséricorde
est née et a grandi avec elle. Dès ses plus jeunes ans,
elle a eu des entrailles de compassion pour les pau-

vrés. Elle ne connaissait pas de délassement plus doux
que de les visiter sous leurs humbles toits, et de les
servir de ses propres mains sur leur lit de douleur. Sa
présence dans ces asiles de la misère, était comme
l'apparition d'un ange apportant la consolation et la
paix, ou plutôt celle de la Providence elle-même se
rendant en quelque sorte visible dans la charité de
cette princesse. Quelle autre pouvait être plus digne
de donner à saint Louis de nouveaux enfans, et de
rallumer parmi nous son royal flambeau menacé de
s'éteindre? Tout ce qu'elle a de tendresse dans le
cœur, d'agrément dans l'esprit, de douceur dans le
caractère, de force et de persévérance dans la volonté,
de délicatesse et d'élévation dans les sentimens, elle
vient, Monseigneur, le mettre à votre disposition, se
vouant elle-même tout entière à votre bonheur. Dès
ce moment, vos peines sont ses peines, vos intérêts
ses intérêts, votre cause sa cause, votre glorieuse et
sainte mission est la sienne, et nul soin, nul effort,
nul sacrifice ne lui coûtera pour la remplir. Elle con-
sent à n'avoir plus de patrie, tant que la vôtre vous
sera fermée. Près de vous, une vie grave, sérieuse,
retirée, sera pour elle pleine de charmes. Et que lui
importent des divertissemens et des fêtes que vous ne
partageriez pas avec elle? Cependant, toutes les fois
que les convenances ou la nécessité l'appelleront dans
les cours, elle y paraîtra, entourée d'unanimes hommages, heureuse et fière de vous aider à y porter noblement le grand nom de France, mais bien plus
heureuse encore de rentrer promptement avec vous
dans la mystérieuse obscurité où Dieu vous cache,
jusqu'à ce que son heure soit venue. Si un jour il se
laissait fléchir par les vœux de tant de justes qui lui
demandent instamment le salut et la prospérité de la
France, elle s'en réjouirait, non pas pour elle, mais
pour la France et pour vous; car nulle princesse n'est
plus Française qu'elle par son esprit et par son cœur,
et dût-elle être éloignée à jamais du trône, au moins
pouvons-nous dire que nulle ne mérite mieux d'y
monter. Telle est, Monseigneur, l'épouse que Dieu
vous donne. Elle retrouvera en vous tout ce qu'elle a
perdu ou dont elle se sépare pour vous suivre, et,

dans quelque position que vous soyez placé, sa joie, sa couronne sera de faire le bonheur de votre vie.

Que ne devez-vous pas attendre vous-même, Madame, de celui qui devient votre époux ! Annoncé pour la première fois à la France par une bouche mourante, dont les derniers accens nous ont rappelé toute la charité du Dieu expirant sur la croix, il n'avait pas encore vu le jour, et déjà la main du Seigneur était sur lui pour le protéger et le défendre. Aussi, dans l'enthousiasme universel qu'excita sa naissance, fut-il proclamé tout d'une voix le Dieudonné, l'enfant de l'Europe, l'enfant du miracle. Il croissait orné de toutes les grâces de son âge et des plus heureux dons du ciel, sous les yeux de la France, dont il était l'idole, quand, au sein d'une profonde paix et d'une prospérité sans exemple, éclata sur sa famille le nouvel orage qui arracha tout-à-coup du sol natal ce lys si pur qui en était la parure et la seule espérance. C'est que les pensées du Très-Haut ne sont pas nos pensées. Ceux qu'il choisit pour en faire les instrumens de ses desseins, doivent nécessairement être marqués du sceau des tribulations, et ce signe des élus ne pouvait pas manquer au jeune prince en qui doit refleurir et se renouveler, pour le repos du monde, la race bénite du saint roi. Objet des tendres soins d'un auguste aïeul dont la vieillesse s'est réjouie de se voir revivre dans son petit-fils, d'une mère dont le courage et le dévoûment se sont élevés sans effort jusqu'à l'héroïsme, d'une tante qui est véritablement la femme forte des divins oracles, et qui, par la double majesté du malheur et de la vertu, est une des grandeurs de la France, et enfin d'un oncle, qui dans son détachement sublime des choses d'ici-bas, s'est montré comme insensible à toute autre douceur qu'à celle d'être l'époux de cette incomparable princesse, et de servir de père au royal orphelin, son éducation s'est faite à l'école de l'adversité. La leçon a été sévère, et elle dure encore. Plusieurs fois même, pour nous le rendre plus cher, le Dieu qui nous l'a donné a semblé vouloir nous le ravir ; mais un cri de détresse et d'amour parti de la terre d'exil et répété d'un bout de la France à l'autre, est monté jusqu'à lui, et cette précieuse vie, pour laquelle tant de serviteurs fidèles sacrifieraient volontiers la leur, a été sauvée. Le descendant de tant de glorieux monarques est sorti de ces épreuves comme l'or du creuset, et ses brillantes qualités n'en ont paru qu'avec plus d'éclat. Sur son noble front et dans la sécurité de son regard se peint son âme tout entière, et toute sa personne respire un mélange de dignité et de grâce qui gagne les cœurs et commande le respect. Dépouillé de son héritage, et forcé de vivre loin du beau pays de France tout plein de la mémoire de ses ancêtres et des monumens de leurs bienfaits, il y vit continuellement par la pensée. Il n'a d'autre but dans ses travaux, dans ses méditations, dans ses voyages mêmes, que de se préparer à lui être utile. Tout dans les contrées hospitalières qu'il parcourt lui rappelle la patrie absente, tout contribue à la lui faire aimer davantage, et à lui inspirer un plus vif désir de se consacrer à son bonheur et à sa gloire. En attendant que la Providence lui en offre l'occasion et les moyens, victime innocente des malheurs de sa famille et de sa patrie, il soutient honorablement, à la face de l'Europe, le poids d'une si grande infortune. Vienne, Rome, Berlin, Londres, Venise l'ont vu successivement dans leurs murs, et partout il a su rendre sa jeunesse vénérable par une vie sans tache ; partout il a laissé la réputation d'un prince instruit, éclairé, d'une sagesse au dessus de son âge, prudent et mesuré dans toute sa conduite, vraiment digne des titres de fils aîné de l'Eglise et de prince très chrétien ; partout il a été l'ami et le protecteur des pauvres. Mais ceux de France n'ont jamais cessé d'être les premiers dans les souvenirs de sa généreuse compassion pour les membres souffrans de Jésus-Christ. S'il ne peut plus fouler le sol chéri qui l'a vu naître, il y est toujours présent par sa charité. Combien de fois le denier de l'exilé, allant chercher l'indigence dans la capitale et jusqu'au fond des provinces, n'a-t-il pas fait tressaillir de joie tout ce qui porte un cœur français, en montrant que le fils des rois, jaloux de suivre les exemples de ses pères, met au rang de ses plus importans devoirs d'être bienfaisant et aumônier comme eux ? N'en doutez pas,

Madame, vous serez aussi heureuse par lui; qu'il sera lui-même heureux par vous.

Jeunes époux, dans ce moment solennel où, en présence de vos augustes familles, et au milieu des ardentes prières qui s'élèvent vers Dieu de tous les cœurs émus, vous vous disposez à renouveler vos sermens, il me semble voir l'image de Marie s'animer ici sur son autel, et cette Vierge sainte en descendre, ou *plutôt* venir du ciel, avec une douce majesté, pour présider, au nom du Seigneur, à cette religieuse cérémonie, et sceller elle-même du sang de son fils vos mutuelles promesses.

« Je n'oublie pas, » vous dit-elle, « que la France a
» été mise par ses pieux monarques sous ma protec-
» tion spéciale, et je ne puis rester indifférente où
» étrangère à ce grand acte qui unit par un lien sacré
» ses deux plus nobles enfans. Prenez mon joug sur
» vous. C'est le mien ; car je l'ai porté avant vous, et
» c'est de ma main que vous le recevez. Si vous êtes
» fidèles à Dieu, ce joug vous sera doux, et le far-
» deau des devoirs qu'il vous impose vous paraîtra
» léger. Dès l'aurore de vos années, vous m'avez
» appelée votre mère, et j'en ai eu constamment pour
» vous la tendresse. J'ai veillé sur tous vos pas, je
» vous ai défendus de tout péril. Dans vos joies, dans
» vos tribulations j'étais près de vous. Ma prédilection
» maternelle vous donne aujourd'hui l'un à l'autre.
» Toutes les faveurs dont la bonté divine vous a com-
» blés vous sont venues par moi, et c'est par moi que
» vous viendront encore toutes celles que vous atten-
» dez. Dieu voulait cette alliance, et nul n'a pu s'y
» opposer; il veut maintenant que je la bénisse de sa
» part, et si vous répondez aux vues de sa miséricor-
» dieuse providence, nul n'aura le pouvoir d'arrêter
» le cours des bénédictions qu'il m'ordonne de ré-
» pandre sur votre union et sur vous. Soyez donc
» bénis dans l'enceinte des villes, dans la solitude
» des champs, en quelque lieu que vous dressiez votre
» tente. Soyez bénis dans la terre de votre pèlerinage
» et dans celle où vous devez fixer enfin votre séjour
» permanent. Soyez bénis dans votre postérité et
» qu'elle se multiplie, digne héritière du nom et des

» vertus de vos aïeux ! Soyez bénis dans la sagesse de
» vos desseins et dans le succès qui doit couronner vos
» espérances ! Quant à l'avenir qui vous est réservé,
» ne demandez pas à en sonder le mystère ; seulement
» ayez confiance ; marchez toujours d'un pas ferme
» dans les voies de saint Louis. Mon divin fils et moi
» nous vous protégerons, et si nous sommes pour
» vous, qui sera contre vous ? Enfans des rois, écou-
» tez la voix de votre céleste mère ; gravez ses con-
» seils dans votre souvenir, et surtout observez-les
» avec une filiale docilité. Vous en recueillerez les
» fruits les plus précieux. Votre vie s'écoulera pleine
» de grâces et de mérites, et la lumière de vos œuvres,
» plus pure, plus éclatante que celle du jour, sera
» pour vous comme un manteau royal, et brillera sur
» vos fronts comme un diadême de gloire. »

DERNIERS ÉVÉNEMENS DE L'ANNÉE.

LES INONDATIONS. — LA MISÈRE.

Le *Bon Messager* avait déjà paru, quand cet effroya-
ble fléau des inondations s'est déchaîné.

C'est du 20 au 25 octobre que la Loire et ses affluens,
enflés par des pluies torrentielles, ont débordé avec
une violence qui dépasse tous les désastres du même
genre dont on avait gardé le souvenir, même l'inondation du Rhône en 1840. Sur une longueur de
cent lieues au moins, et sur une largeur de plusieurs
lieues, l'on a vu l'épouvantable image du déluge ;—
l'eau montant par dessus les maisons, des familles entières réfugiées sur des arbres, les campagnes dispa-
raissant à perte de vue sous les flots écumans qui
roulaient, pêle-mêle, meubles, débris de toute espèce,
troupeaux entiers, et souvent aussi des cadavres hu-
mains. La seule ville de Roanne a perdu au moins deux
cents maisons. Près d'Orléans, la fertile contrée appelée le Val, offre le plus affreux tableau. En se retirant,
les eaux n'ont laissé que des terres couvertes de sable,
frappées de stérilité, des maisons abattues ou dévas-

tées, des animaux noyés dans leurs étables, partout la désolation et la mort.

Malgré les plus vives protestations des conseils municipaux riverains, le gouvernement avait permis à la compagnie du chemin de fer de Vierzon de construire un viaduc qui barrait un quart du lit de la Loire. Le fleuve grossi, rencontrant cet obstacle. a reflué plus furieux contre ses bords. Le viaduc s'est abîmé ; mais les levées avaient cédé sous la rage du torrent qui, par des brèches énormes, se précipitait sur les campagnes.

Les écoutera-t-on maintenant. ces conseils municipaux dont la voix a été si fatalement méconnue ? Les entrepreneurs de chemins de fer resteront-ils maîtres de la fortune et de la vie même des populations ?

Quant à la cause générale de ces épouvantables catastrophes, qui deviennent bien plus fréquentes et plus terribles qu'autrefois, il n'y a qu'un cri pour la proclamer ; cette cause, c'est le DÉBOISEMENT. Jadis, nos montagnes étaient ombragées de belles forêts. Outre leurs produits abondans, soit pour la construction, soit pour le chauffage, soit pour la marine, elles amortissaient en partie l'impétuosité des vents. Les eaux pluviales divisées, retenues, absorbées par les bois, se changeaient en sources bienfaisantes et devenaient, au lieu d'une cause de ruine, une cause de fertilité. Les révolutions sont venues : celle de 1789 a commencé l'œuvre ; celle de 1830 l'a reprise et continuée. Pour avoir de nouveaux fonds à dévorer, cette révolution a vendu à vil prix les forêts de l'Etat : les spéculateurs qui les ont achetées, ont obtenu à volonté des permissions de défrichement. grâce, le plus souvent, à des influences électorales, à d'ignobles tripotages ministériels. Ces forêts précieuses sont tombées sous la hache. Le bois est devenu plus cher pour tous les usages ; les sources, dans bien des endroits, ont tari. En revanche. les grandes pluies, ne trouvant plus d'obstacles, ont causé ces crues soudaines, épouvantables, contre lesquelles échouent toutes les forces de l'art. Suppression des sources fertilisantes ; naissance des torrens dévastateurs, la sécheresse et l'inondation tour à tour, telles sont les conséquences du déboisement. Il n'est donc qu'un seul remède efficace ; le REBOISEMENT sur une vaste

échelle ; mais les gens qui ont fait le mal sont-ils capa-
bles de le réparer?

Dans ces affreuses circonstances, on a vu de ma-
gnifiques dévoûmens. Des citoyens de tous les états,
de toutes les classes, ont lutté d'abnégation et d'éner-
gie pour sauver des victimes. En regard de la froide
insensibilité du monde ministériel, qui donnait tort
aux inondés, disant qu'on les avaient prévenus *vingt-
quatre heures d'avance*, nous trouvons, pour consolation,
des traits sublimes. Heureux les hommes qui ont pu offrir,
non seulement leurs bras, mais encore les ressources
de la fortune! Parmi les noms célébrés et bénis par des
populations entières, nous aimons à citer d'après *l'U-
nion libérale*, journal de Nevers, M. le marquis de Vo-
gué.

La religion, prêchant d'exemple, n'a pas plus failli à
sa mission, dans ces malheurs que dans tous les autres. Partout, les ministres de Dieu étaient au poste
du péril, consolateurs et travailleurs à la fois; partout
ils prodiguaient aux malheureux sauvés des flots jusqu'à leur dernier morceau de pain.

Les souscriptions se sont multipliées. La sainte obole
du pauvre est venue s'y joindre à l'or du riche : mais
que peut la charité privée dans une pareille calamité
nationale?

Sur un budget d'un milliard et demi, le ministère
n'a trouvé que quatre millions disponibles pour cette
immense catastrophe, qui frappe neuf départemens. Et
il a englouti les millions par centaines pour embastiller
Paris, et il n'a pas dépensé moins de 4.940,000 fr. en
frais de voyages et de courriers, missions extraordinaires, dépenses secrètes et dépenses imprévues, à l'occasion du mariage de M. de Montpensier !

M. le marquis de la Rochejaquelein, dont le cœur est
toujours prêt pour les inspirations généreuses, avait pré-
senté un plan de loterie de douze millions de billets à
vingt sous. Sur les douze millions de francs qu'elle aurait produits, deux millions auraient été distribués en
lots, et il en serait resté dix pour les inondés. Le ministère a refusé l'autorisation, en invoquant la loi qui
prohibe les loteries d'argent. M. de la Rochejaquelein,
voulant mettre à bout le mauvais vouloir officiel, a

proposé alors une autre combinaison. Au lieu de lots d'argent comptant, il a proposé des lots en nature, avec des garanties qui rendaient impossibles les abus dont on s'est justement plaint dans d'autres loteries.

Les fournisseurs, négocians honorables, s'engageaient à reprendre les objets à l'instant même pour la valeur indiquée. Sur cette valeur, on aurait exercé seulement une retenue de dix pour cent au profit des pauvres de Paris. C'était une bonne œuvre de plus, greffée, en quelque façon, sur la principale. Tout se trouvait ainsi concilié, la loi réservant des exceptions facultatives pour les loteries d'objets mobiliers conçues dans un but artistique ou charitable. Eh bien! M. Duchâtel a persisté dans son refus, sous le misérable prétexte que les lots, pouvant être convertis en argent, représentaient une valeur pécuniaire. Ainsi, ces mêmes doctrinaires, qui, dans l'occasion, font si bon marché de la légalité, vont chercher de misérables et absurdes chicanes pour empêcher une œuvre de charité qui soulagerait des milliers de malheureux! Pourquoi la proposition n'a-t-elle pour auteur un député du juste-milieu? Mais ce ne sont pas les hommes du juste-milieu qui ont des inspirations pareilles.

« Le résultat du stupide refus de M. Duchâtel, dit un journal, sera de priver *dix mille familles* d'un secours de mille francs chacune, qu'elles auraient pu recevoir pour les indemniser de leurs pertes dans les inondations. De plus, par la combinaison proposée, le commerce vendait pour deux millions de marchandises qui resteront dans ses magasins, ou, si les gagnans avaient préféré échanger les lots contre de l'argent, quatre mille familles de malheureux à Paris auraient reçu un secours de 50 fr. chacune. »

Le refus de M. Duchâtel nous paraît, à nous, bien pire que stupide. Le ministère ne fait pas le bien, et il ne veut pas que le bien soit fait par d'autres. Il craint la propagande de la charité, quoique M. de la Rochejaquelein se fût tenu en dehors de toute question de parti. Tant pis pour les malheureux, qui auraient eu du pain et du bois cet hiver, et qui pourront mourir de faim et de froid. Le ministère ne veut pas qu'ils man-

gent et qu'ils se chauffent, si un royaliste a la glorieuse initiative de cette bonne œuvre !

On attendait avec impatience ce que ferait en cette
occasion la famille régnante. Nous nous bornerons,
sur ce point, à citer des journaux d'opinions diverses :

« Les journaux officiels nous ont enfin annoncé le
chiffre des largesses de Louis-Philippe et de sa famille, à l'occasion de l'immense désastre qui vient de
frapper une partie considérable du territoire français :
ces largesses se montent, en totalité, à cent vingt mille
francs.

» Sans être aussi forts statisticiens que M. Charles Du-
pin, nous nous permettrons, à ce sujet, de présenter
quelques chiffres.

» D'abord, le nombre de personnes qui ont concouru
à ce don, savoir : le *roi* et la *reine* des Français ; —
Mlle Adélaïde ; — les quatre fils de Louis-Philippe ; —
ses cinq belles-filles ; — ses huit ou dix petits-enfans,
qui, nécessairement, sont compris parmi les donateurs.
(L'on se rappelle que jamais, dans l'enfance de Mgr le
duc de Bordeaux et de son auguste sœur, l'on ne man-
quait de donner, en leur nom, pour toutes les infor-
tunes.)

» Les revenus de la famille d'Orléans, liste civile,
domaine de la couronne, domaine privé, fortune de
Mlle Adélaïde, fortune des Condés échue à M. le duc
d'Aumale, immenses possessions au Brésil apportées
par Mme la princesse de Joinville, dotation du comte
de Paris, douaire de Mme la duchesse *d'Orléans*, enfin
la dot-Montpensier, représentent, d'après des calculs
modérés, trente-six millions de revenu annuel ; — et
l'on ne tient pas compte ici des placemens qu'une excel-
lente gestion a dû faire, avec les économies réalisées
depuis seize ans.

» Trente-six millions par an donnent *trois millions*
par mois, *cent mille francs* par jour, *quatre mille cent
soixante-six francs* par heure.

» Les cent vingt mille francs pour lesquels s'est co-
tisée la famille régnante, au nombre d'une vingtaine de
personnes, représentent donc *vingt-neuf heures* de son
revenu. »

(*Quotidienne.*)

« On a prétendu qu'en présence de la calamité publique, le *roi* avait renoncé à l'idée de donner des fêtes à Versailles , et que l'argent destiné à célébrer le mariage du duc de Montpensier irait soulager les inondés de la Loire. S'il faut tout dire, nous commençons fort à douter de l'exactitude de cette nouvelle. La ville de Bordeaux, qui a trouvé soixante mille francs pour fêter les royaux époux, n'a réuni dans ses souscriptions officielles que mille francs environ pour secourir les inondés. Nous craignons fort que la cour ne fasse comme la ville de Bordeaux. Dans ce temps où nous voyons une actrice se montrer plus généreuse dans sa charité qu'un ministre des finances, nous n'espérons pas grand' chose des munificences du pouvoir en cette occasion douloureuse.

» La famille *royale*, dit-on, a souscrit pour la somme fabuleuse de cent vingt-cinq mille francs (1) ! Les fêtes de Versailles en l'honneur du mariage auraient peut-être coûté six fois cette somme. Si les fêtes n'ont pas lieu, la cour trouvera même une économie dans sa souscription pour les inondés !

» En 1817, Louis XVIII souscrivit pour *sept millions* au profit des victimes de la disette, et la famille royale pour *trois millions*. Dix millions en tout; que l'on compare ! Il est vrai qu'en 1817, la famille royale n'avait pas à fêter un mariage et sutout une dot de trente millions ! »

(Courrier français.)

« La maison d'Orléans a reçu , dans le milliard d'indemnité accordé aux émigrés sous la restauration, pour ses propriétés vendues dans les départemens où la Loire vient de causer de si grands désastres par ses débordemens, savoir : Loiret, 549,613 fr. 32 c. — Indre-et-Loire, 1,083,258 fr. 52 c.—Total, 1,632,871 fr. 84 c. Ce qui fait , avec les indemnités reçues dans

____

(1) Le chiffre officiel, tel qu'il est inscrit au *Moniteur*, est de *cent vingt mille francs*, et rien n'est venu le grossir, quoique les fêtes n'aient pas eu lieu.

seize autres départemens, la somme de 16,169,734 francs 67 cent.

« Et cependant la maison d'Orléans, si magnifiquement indemnisée pour les pertes qu'elle avait faites, n'a donné que 120,000 fr. aux inondés de la Loire. C'est à peine son revenu d'une journée. »

(*Réforme.*)

Quant à d'autres dons extraordinaires, en raison de la misère générale et de la cherté des subsistances, les journaux de la cour n'en ont pas dit un mot.

Pourtant, cette misère est affreuse, même dans les contrées épargnées par les eaux ; cette cherté toujours croissante aura bientôt porté le prix du pain aussi haut que dans les années les plus calamiteuses. Combien il est nécessaire que la charité redouble ses efforts !

Si le monde officiel reste froid, si l'on n'a pas appris qu'un seul de nos opulens fonctionnaires, à commencer par M Duchâtel qui a 300,000 fr. de rente, ait abandonné aux pauvres un semestre ou même un mois de son traitement, ces devoirs solennels de la charité sont dignement compris ailleurs. Nous pourrions citer une famille comme celle de M. le duc de Lorges, qui a fait remise à ses fermiers malheureux de tous les fermages qui lui étaient dus, ou bien celle de M. le duc des Cars distribuant pour l'hiver des bons de pain à tous les pauvres d'une commune ; ou bien la famille de Périgord qui appelle à jour fixe, chaque semaine, tous ceux qui ont des besoins d'une nature quelconque, pour leur venir en aide avec effusion (1).

Ces nobles familles n'avaient pas attendu la circonstance du mariage de Henri pour répandre ainsi leurs lar-

---

(1) En regard de ces nobles noms, nous aimons à citer un industriel dont la générosité devrait trouver beaucoup d'imitateurs.

Depuis le commencement d'octobre, M. Ruzé fils, fabricant de soieries à Gaillon (Eure), accorde une haute-paie d'un franc par quinzaine à chacun de ses deux cents cinquante ouvriers, pour tout le temps où la taxe du pain dépassera 32 centimes le kilogramme.

Un acte pareil n'a pas besoin d'éloges.

ges bienfaits; mais cette circonstance a donné un nouvel essor à la charité.

Un grand nombre de personnes ont déjà répondu au noble appel que leur adresse l'auguste exilé, quand il leur indique le large exercice de cette vertu chrétienne comme le meilleur moyen de répondre au vœu de son cœur. Dans plusieurs villes, on se disposait à ouvrir des souscriptions pour offrir à HENRI DE FRANCE des présens de noce : on a compris que des dons versés sur les pauvres lui seraient encore bien plus agréables, et les fonds que l'on aurait employés en objets de luxe iront secourir les plus pressantes misères. Des comités se forment dans ce but, à Paris et ailleurs, et c'est ainsi que sera célébrée la joie qui est entrée dans la maison de l'exil; c'est ainsi que les bénédictions divines seront doublement appelées sur le mariage d'un Bourbon.

Les hommes du pouvoir, qui ont poursuivi et fait condamner en police correctionnelle l'œuvre de Saint-Louis comme une association illicite, essaieront-ils d'entraver ces nouveaux efforts de la charité? Diront-ils que c'est là de la propagande, de la politique? Des gens pour qui tout est spéculation, peuvent seuls douter de l'élan spontané des nobles âmes. Ah ! que ces gens-là *spéculent* de la même manière! Qu'ils fassent de pareille politique! Celle-là serait utile et belle ! Que tous les partis cherchent à se surpasser l'un l'autre, dans la carrière de la charité ; une telle lutte tournera au profit de l'humanité souffrante.

Le calcul suivant a été fait :

M. LE COMTE DE CHAMBORD a donné, lui seul, à l'occasion de son mariage, soixante mille francs pour les malheureux.

Les cent vingt mille francs donnés pour les inondés de la Loire, entre une vingtaine de personnes, sont le seul bienfait extraordinaire que les journaux officiels aient annoncé de la part des nouvelles Tuileries.

Le revenu de M. LE COMTE DE CHAMBORD représente au plus la soixantième partie des revenus réunis qui ont concouru à ce don de cent vingt mille francs. Il s'en suit que le prince exilé, dans la proportion de sa fortune, a donné, à lui seul, trente fois plus que ces vingt personnes ensemble . — sans compter les dix mille francs ajoutés pour les inondés par madame la comtesse de Chambord.

Nous ne tirons aucune conclusion , aucun jugement de ces chiffres : nous nous bornons simplement à les enregistrer.

Dans l'âme du comte de Chambord, la pensée de la gloire française s'associe toujours aux idées de charité.

La ville de Falaise a ouvert dernièrement une souscription pour élever une statue à Guillaume-le-Conquérant, duc de Normandie, à ce prince immortel qui courba sous ses lois l'Angleterre vaincue. Le monde officiel s'est bien gardé de souscrire ; il craindrait de déplaire à son ex-cordiale alliée. Mais Henri n'a pas les mêmes raisons pour refuser d'honorer une gloire nationale : il s'est empressé de répondre à l'appel de la cité normande par un don de cinq cents francs.

LE MARIAGE D'UN BOURBON.

COUPLETS CHANTÉS DANS UN BANQUET,

LE 16 NOVEMBRE 1846.

Air : *Gai, gai, mariez-vous.*

Vers le Très-Haut, ce matin,
Ont monté nos vœux sincères.
Maintenant, choquons nos verres,
Au sein d'un joyeux festin.

Bon, bon,
C'est un Bourbon
Aujourd'hui qui se marie!
Qu'on chante ou bien qu'on prie,
Vœu du cœur est toujours bon.

Si l'air : *Gai, mariez-vous,*
Paraît tant soit peu gothique,
Quel chef-d'œuvre mélodique
Aujourd'hui serait plus doux?

    Bon, bon,
     C'est un Bourbon
Aujourd'hui qui se marie!
Qu'on chante ou bien qu'on prie,
Vœu du cœur est toujours bon.

D'autres diraient : « Quel bonheur
» D'épouser tant de richesse! »
Nous, disons, dans notre ivresse
« Il épouse un noble cœur! »

    Bon, bon,
     C'est un Bourbon
Aujourd'hui qui se marie!
Qu'on chante ou bien qu'on prie,
Vœu du cœur est toujours bon.

Pourtant, chacun bénira
Ce surcroît de bonne chance ;
Car on sait que l'indigence
Largement y gagnera.

    Bon, bon,
     C'est un Bourbon
Aujourd'hui qui se marie!
Qu'on chante ou bien qu'on prie,
Vœu du cœur est toujours bon.

Quelque part, dit-on tout bas,
On est d'une humeur atroce.
A propos de cette noce,
Certaines gens n'y sont pas.

    Bon, bon,
     C'est un Bourbon
Aujourd'hui qui se marie!
Qu'on chante ou bien qu'on prie,
Vœu du cœur est toujours bon.

Les Trognons tout consternés
Ne pourront pas s'en remettre ;
Et je crois qu'au moins un mètre
Va s'ajouter à leur nez.

    Bon, bon,
     C'est un Bourbon
Aujourd'hui qui se marie !
Qu'on chante ou bien qu'on prie,
Vœu du cœur est toujours bon.

THÉRÈSE, par ses vertus,
A nous se fera connaître ;
Désormais elle veut être
Une Française de plus.

    Bon, bon,
     C'est un Bourbon
Aujourd'hui qui se marie !
Qu'on chante ou bien qu'on prie,
Vœu du cœur est toujours bon.

Elle connaît chaque trait
Où resplendit notre gloire ;
Surtout elle sait l'histoire
De notre Jeanne d'Albret.

    Bon, bon,
     C'est un Bourbon
Aujourd'hui qui se marie !
Qu'on chante ou bien qu'on prie,
Vœu du cœur est toujours bon.

On garde le souvenir
D'une autre grande Thérèse.
Au sang de la Béarnaise
Un tel sang devait s'unir.

    Bon, bon,
     C'est un Bourbon
Aujourd'hui qui se marie !
Qu'on chante ou bien qu'on prie,
Vœu du cœur est toujours bon.

Sous un an, vienne un cadeau
Que tout notre cœur appelle!
Que cette Bourbon nouvelle
Nous donne un Bourbon nouveau

    Bon, bon,
      C'est un Bourbon
Aujourd'hui qui se marie!
Qu'on chante ou bien qu'on prie,
Vœu du cœur est toujours bon.

Quel plaisir de savourer
Les bonbons d'un tel baptême!
Jamais Guizot, jaune et blême,
Ne pourra les digérer!

    Bon, bon,
      C'est un Bourbon
Aujourd'hui qui se marie!
Qu'on chante ou bien qu'on prie,
Vœu du cœur est toujours bon.

Si nous avons attendu
Ce fortuné mariage,
Notre Henri saura, je gage,
Rattraper le temps perdu.

    Bon, bon,
      C'est un Bourbon
Aujourd'hui qui se marie!
Qu'on chante ou bien qu'on prie,
Vœu du cœur est toujours bon.

Th. MURET.

Paris. Imprimerie PROUX, rue Neuve-des-Bons-Enfants, 3.